Das Sterben der Versicherungsberater

Widmung

Dieses Buch widme ich meinem Vater, Volker Kubik. Er hatte mir die Chance geboten, im Außendienst bei der Wiener Städtischen Versicherung Karriere zu machen. Sein Leitspruch „Wähle den Beruf, in dem du glücklich bist" begleitete mich mein ganzes Leben.

Gerhard Kubik

Das Sterben der Versicherungsberater

Die digitale Revolution

Impressum

Bibliografische Information der Deutschen Nationalbibliothek: Die Deutsche Nationalbibliothek verzeichnet diese Publikation in der Deutschen Nationalbibliografie; detaillierte bibliografische Daten sind im Internet über http://dnb.dnb.de abrufbar.

Foto-Cover: Bild von Gerd Altmann auf Pixabay
Korrektorat: www.mentorium.de
Herstellung und Verlag: BoD – Books on Demand, Norderstedt
ISBN: 9783749481590

Vorwort

Wenn Du entdeckst, dass Du ein totes Pferd reitest, steig ab, nimm Deinen Sattel und zieh weiter. So lautet eine Weisheit der Dakota-Indianer.

Nach mehr als 20 Jahren im Außendienst bei der Wiener Städtischen Versicherung war mein Pferd gestorben. Da ich dies nicht gleich erkannte, machte ich mehrere Wiederbelebungsversuche.

Zuerst entwickelte ich für mich eigene Motivationsprogramme. Ich erstellte Unterlagen, wie ich wieder voll durchstarten könnte. Einige Wochen später musste ich aber erkennen, dass selbst bei erfolgreichen Geschäftsabschlüssen keine Gefühlsregung in mir hochkam.

Da begann ich zu überlegen, ob ich mit 56 Jahren diesen Zustand noch bis zur Pension aushalten könnte. Oder würde ich dabei krank werden? Dass es anderen lang dienenden Beratern ähnlich ging, war mir schon immer aus Erzählungen bekannt.

Bei Gesprächen mit meinen Vorgesetzten setzte ich mir wiederholt hohe Ziele und war auch bereit, dafür hart zu arbeiten. Doch nach mehreren Tagen erkannte ich immer wieder, dass ein totes Pferd tot ist und man es nicht wiederbeleben kann.

Deshalb ging ich tiefer und analysierte, wie die Zukunft eines Versicherungsberaters in 10 Jahren aussehen wird. Ich blickte der Wahrheit ins Auge und musste Schweißperlen von meiner Stirn wischen.

Welche Geschäfte kann ein Angestellter im Versicherungsaußendienst in einigen Jahren noch machen und welche Geschäfte werden durch die Konkurrenz und fortschreitende Digitalisierung wegfallen?

Wie kann ein Berater in dieser rauen Zeit bestehen und wird es eine lohnenswerte Zukunft geben?

Diese Themen werden in diesem Praxisbuch behandelt. Es wird aufgezeigt, wo die Herausforderungen liegen und wie sich Berater positionieren können, um zu überleben.

Ich habe weit mehr als 100 Kollegen kommen und gehen gesehen. Ich kenne die Denkweise und die Frustrationen von Außendienstberatern bei den verschiedensten Versicherungen. Viele würden gerne aussteigen. Entweder, weil sie auch weiter in die Zukunft blicken, oder weil sie es satthaben, sich mit der ausufernden Bürokratie, den vielen Überregulierungen und den oft heiklen Schadenserledigungen herumzuschlagen.

Ich verstehe aber auch viele ältere Kollegen, wenn sie sich noch bis zur Pension durchkämpfen wollen. Das Sozialsystem bei den Versicherungen ist eines der besten, welche es in Österreich gibt.

Trotzdem bin ich von meinem toten Pferd abgestiegen. Die Entscheidung, das sichere Nest in meinem Alter zu verlassen und sich neuen Herausforderungen zu stellen, war für viele unverständlich. Ich tat es trotzdem und folgte meiner inneren Stimme, welche mich anspornte, mich weiterzuentwickeln und glücklich zu sein.

Von diesem Buch werden 3 Gruppen profitieren:

1) die Berater im Versicherungsaußendienst – sie können in die digitale Zukunft blicken und entscheiden, ob sie die Herausforderungen annehmen wollen.

2) neue potentielle Berater, welche vor der Wahl stehen, eine Versicherungskarriere anzustreben – sie bekommen tiefe Einblicke, was tatsächlich am Markt vor sich geht und was sie tun müssen, um erfolgreich zu werden.

3) alle Konsumenten – sie dürfen hinter die Versicherungskulissen blicken und sehen, wie sie von Insiderwissen profitieren und viel Geld sparen können.

Wenn Sie dieses Buch sorgfältig studieren, dann werden Sie als Versicherungsberater erfolgreicher werden und als Konsument viel Geld sparen.

Ich wünsche Ihnen viel Erfolg bei der Umsetzung.

Inhaltsverzeichnis

1

Außendienst 2030

Außendienst 2030

Wie wird der Versicherungsaußendienst im Jahr 2030 aussehen?

Ein digitaler Zukunftsblick zeigt die Herausforderungen, welche mit immenser Geschwindigkeit auf alle Berater zukommen. Die Eintrittswahrscheinlichkeit ist der Messgrad, ob die jeweilige Versicherung vorwiegend online abgeschlossen wird.

1) **Autoversicherung:**

Das Einstiegsgeschäft für jeden Versicherungsberater wird gravierende Umwälzungen erleben. Heute, 2019, wird bei einer Autoanmeldung meistens der Berater angerufen und ein Termin vereinbart.

Der komplette Anmeldevorgang – wie Papiere holen, Anmeldung, Zustellung, Vertragsabschluss – wird vom Berater erledigt.

Ist das im digitalen Zeitalter wirklich notwendig?

Wie könnte es im Jahr 2030 ablaufen?

Sie gehen in eine Autofirma und bekommen alles aus einer Hand: das Fahrzeug, das Kennzeichen und den passenden Leasing- sowie Versicherungsvertrag.

Der Trend geht schon in diese Richtung und der Berater wird ausgebootet. Nicht nur das passende Versicherungs- sowie Leasingprodukt wird aus einer

Vielzahl von Angeboten ausgewählt. Da Schadensbesichtigungen schon jetzt hauptsächlich in einer Werkstätte erledigt werden, kann auch die Schadensaufnahme bzw.–erledigung ausgelagert werden.

Für die Autofirmen sind Versicherungen ein weiteres lukratives Standbein und preislich können sie mit einem Gesamtpaket einen Berater leicht übertrumpfen.

Der private Autoverkauf kann über die neuen Blockchaintechniken sicher abgewickelt werden und ein Versicherungsabschluss über das Smartphone wird für die jungen, internetaffinen Leute Usus.

Berater mit einem hohen Fahrzeugbestand sollten sich schon einmal näher darüber Gedanken machen, was sie in Zukunft verkaufen, wenn die Autoversicherung komplett digitalisiert wird.

Eintrittswahrscheinlichkeit: +++++ sehr hoch

2) **Haushaltsversicherung:**

Sie ist leicht zu erklären und wird auch schon vermehrt digital abgeschlossen. Für junge Leute wird es in 10 Jahren normal sein, Haushaltsversicherungen per Smartphone abzuschließen.

Eintrittswahrscheinlichkeit: +++++ sehr hoch

3) **Rechtsschutzversicherung:**

Auf den ersten Blick mit den verschiedenen Varianten sehr komplex. Durch konkrete Fragestellung kann sie jedoch sehr schnell auf die Bedürfnisse der Kunden zugeschnitten werden. Online-Abschlüsse mit großer Ersparnis für die Kunden werden den Zeitgeist treffen.

Eintrittswahrscheinlichkeit: +++++ sehr hoch

4) **Unfallversicherung:**

Die meisten Unfallversicherungen werden online abgeschlossen werden. Nur Spezialsparten wie Ärzte, Leistungssportler etc. benötigen noch eine Beratung.

Eintrittswahrscheinlichkeit: +++++ sehr hoch

5) **Reiseversicherung:**

Wird schon jetzt vorwiegend online abgeschlossen. Kein Berater mehr notwendig. Nurmehr Digitalabschlüsse.

Eintrittswahrscheinlichkeit: +++++ sehr hoch

6) **Bausparen:**

Das lukrative Zubrot der Berater kann komplett digitalisiert werden. Der Kunde sucht sich online die Bausparkasse mit den besten Leistungen heraus und schließt ohne Berater ab.

Eintrittswahrscheinlichkeit: +++++ sehr hoch

7) **Lebensversicherungen:**

Die junge Generation wird diese mit großer Kostenersparnis vorwiegend online abschließen. Hier werden besonders die Ablebensversicherungen, Er- und Ablebensversicherungen sowie Pensionsversicherungen betroffen sein. Das Sahnehäubchen für den Verdienst der Berater wird sukzessive wegfallen.

Eintrittswahrscheinlichkeit: ++++ hoch

Fondsgebundene Lebensversicherung:

Wenn die Finanzintelligenz der Österreicher zunimmt, dann können diese sich ohne Berater auf die gesamte Laufzeit tausende Euro beim Abschluss sparen. Sie wird digital angeboten werden, doch nur die junge Generation sowie finanzversierte Personen werden sie ohne Beratung abschließen.

Eintrittswahrscheinlichkeit: +++ mittel

Zukunftsvorsorge:

Die beliebte 25-Euro-Förderung für Firmenmitarbeiter kann komplett digitalisiert werden. Unter allen Anbietern kann sich ein Angestellter bzw. Arbeiter das ideale Angebot auswählen.

Eintrittswahrscheinlichkeit: +++++ sehr hoch

Berufsunfähigkeitsversicherung:

Alle Anbieter digital in einem Topf, immense Kostenersparnis bei Online-Abschluss.

Eintrittswahrscheinlichkeit: +++++ sehr hoch

8) **Krankenversicherungen:**

<u>Taggeldversicherungen bzw. Begleit-kostenversicherungen</u>:

Werden online abgeschlossen werden. Sie sind einfach erklärbar und wiederum mit großer Kostenersparnis abzuschlie-ßen.

Eintrittswahrscheinlichkeit: +++++ sehr hoch

<u>Sonderklasse-Versicherung und Am-bulanztarif</u>:

Diese sind komplexer. Doch der Vorteil einer riesigen Kostenersparnis auf Jahr-zehnte wird die junge Generation zum Online-Abschluss drängen lassen.

Eintrittswahrscheinlichkeit: ++++ hoch

Pflegeversicherung:

Ist noch ein Mauerblümchen, für das sich die wenigsten erwärmen können. Digital leicht möglich, doch wenig Nachfrage.

Eintrittswahrscheinlichkeit: +++ mittel

9) Hinterbliebenenfürsorge:

Digital leicht abschließbar. Doch werden die Abschlüsse vorwiegend von älteren Leuten offline gemacht werden.

Eintrittswahrscheinlichkeit: +++ mittel

10) Hausversicherung:

Es wird vermehrt digitale Angebote geben. Durch eine genaue Beschreibung kann online rasch die genaue Versicherungssumme ermittelt werden. Schadenserledigungen mittels Videochat werden boomen. Leute ab 40 werden hier jedoch die Face-to-Face-Beratung bevorzugen.

Eintrittswahrscheinlichkeit: +++ mittel

11) **Landwirtschaftsversicherung**:

Zu komplex, deshalb werden die digitalen Anbieter hier scheitern. Jungbauer werden aufgeschlossen sein, die Altbauern werden aber offline bleiben.

Eintrittswahrscheinlichkeit: + sehr gering

12) **Firmenversicherung:**

Gebäudeversicherungen und Personenversicherungen werden vorwiegend über Berater offline abgeschlossen werden. Dieser Bereich ist zu komplex und beratungsintensiv.

Eintrittswahrscheinlichkeit: ++ gering

Glauben Sie, dass diese „Zukunftsvorhersa-
gen" aus der Luft gegriffen sind?

Leider nein. Im nächsten Kapitel werde ich
Ihnen zeigen, dass mein Zukunftsblick einen
handfesten digitalen Hintergrund besitzt und
die zuvor beschriebenen Entwicklungen schon
weit fortgeschritten sind.

2

Die digitale Revolution

Die digitale Revolution

Jeder ohne Berater abgeschlossene Vertrag lässt die Kassen der Versicherer klingeln und ihre Angestellten im Außendienst stöhnen.

InsurTechs heißt der neue Trend. Seit Beginn 2018 bis zum März 2019 konnten diese jungen Versicherungs-Start-ups mehr als 400 Millionen Dollar einsammeln.

Ex-VIG-Chef Peter Hagen erklärte im *Trend* (11/2019), dass das Digitalisierungspotential in der Versicherungsbranche enorm sei. Es werde aber etwas länger dauern als bei den FinTechs. Versicherungsmodelle seien vom Geschäftsmodell her schwieriger.

Peter Hagen weiß, wovon er spricht, denn von Berlin aus baut er mit „Coya" einen reinen Online-Versicherer auf.

Wie weit der Online-Vertrieb schon fortgeschritten ist, wird hier chronologisch mit Infos von „FONDS professionell ONLINE" dargelegt:

2.2.2018: Uniqa investiert 500.000 Euro in InsurTech-Start-up

Das Start-up „bsurance" ist auf Modelle spezialisiert, bei denen ein Partner dem Endkunden Versicherungsprodukte anbietet. Das sind vorwiegend Unternehmen mit einer großen Kundenbasis – Handelsunternehmen, Energieversorger, Telekomunternehmen u. a.

Die österreichische Versicherung investiert seit 2016 in Start-ups aus den Bereichen Smart Home, Mobility, Health und Finance.

9.3.2018: Allianz macht Digitalisierung zur Chefsache

Der Versicherer hat für die eigene Digitalisierung extra ein neues Vorstandsressort auf Ebene der Holding eingerichtet. Die Digitalisierungsoffensive wird energisch vorangetrieben. In einer Presseaussendung heißt es hierzu: „Das neue Vorstandsressort soll die Allianz-Gesellschaften dabei unterstützen, die geschäftlichen Chancen zu nutzen, die sich aus den wachsenden Bedürfnissen aller Kundengruppen nach digitalen Versicherungs- und Investmentlösungen ergeben. Dafür sollen bestehende Geschäftsmodelle weiterentwickelt, neue Modelle eingeführt sowie eine flexible Kombination von persönlicher Beratung und digitalen Angeboten ermöglicht werden."

Vor einigen Jahren wurde schon ein revolutionäres Versicherungskonzept aus der Taufe gehoben: Allianz1 – es kombiniert neueste Technologien, um eine einfache Versicherungslösung zu entwickeln. Genau auf die Kundenbedürfnisse abgestimmt. Es ist einfach und schnell. Online können 13 individuelle Bausteine von der Haushaltsversicherung bis zur Kranken- und Lebensversicherung kombiniert werden. Man kann sich eine einzige Versicherungspolice für die gesamte Familie zusammenstellen. Bereits nach drei Jahren hatte Allianz1 mehr als 280.000 Kunden.

16.5.2018: Uniqa schafft eigene Risiko-kapital-Tochter

Für sämtliche Start-up-Aktivitäten wurde die Ventures GmbH geschaffen. Das Risikokapital beträgt 25 Millionen Euro.

29.5.2018: Robo Advisor stellt die Beratung auf neue Beine

Die Austrian Anadi Bank plant, einen Robo-Advisor zu installieren, der das Geld der Kunden kostengünstig veranlagen kann. Das soll die Beratung auf neue Beine stellen.

29.5.2018: Allianz stärkt digitale Vermögensverwaltung

Der größte deutsche Versicherer Allianz stockt sein Engagement in die Robo-Advisor-Moneyfarm auf. Damit soll die digitale Vermögensverwaltung breiter verfügbar gemacht werden.

Es wird eine steigende Kundennachfrage nach intelligenten und einfachen digitalen Lösungen gesehen. Moneyfarm plant, sein Produktangebot um ausgewählte Vermögensverwaltungs- und Versicherungsprodukte der Allianz zu ergänzen.

14.6.2018: Axa und ING starten digitale Vertriebsplattform

Der französische Versicherungsriese Axa und die holländische ING-Bank kooperieren ab sofort im Onlinebereich. Beide Gesellschaften werden zusammen Versicherungen über die digitalen Vertriebskanäle der Bank vertreiben. Axa stellt das Versicherungs-Know-how, ING die Plattform für den digitalen Vertrieb.

Die Kooperation hat für beide Seiten Vorteile: Die Bank erhält Provisionen, der Versicherer einen weiteren Vertriebskanal. In modularer Form werden mehrere Versicherungen in Frankreich, Deutschland, Italien, Tschechien, Österreich und Australien angeboten.

1.8.2018: Allianz startet neue digitale LV-Police

Die Allianz-Lebensversicherung hat eine vollkommen digital abschließbare Lebensversicherung ins Programm genommen. „Fourmore" richtet sich vornehmlich an jüngere Menschen der „Generation Smartphone". Sie wirbt mit flexiblen Ein- und Auszahlungen, digitaler Transparenz und einfachen Prozessen.

17.10.2018: Digitalversicherer erhält Geldspritze und geht nach Österreich

Das InsurTech One soll einen dreistelligen Millionenbetrag erhalten. Dieser wird unter anderem dazu genützt, nach Österreich zu expandieren.

Das Vertrauen der Anleger soll sich One erworben haben, indem es seit Februar 2018 insgesamt 40.000 Neukunden gewonnen hat.

One hat eine europäische Versicherungslizenz und ist erst in diesem Jahr gestartet. Der Versicherer bietet eine komplett digitale, kombinierte Haushalt- und Haftpflichtversicherung an.

Die Versicherungen sind monatlich kündbar und können innerhalb weniger Minuten per Smartphone abgeschlossen werden. Schäden werden direkt über die App gemeldet und in 60 Prozent der Fälle noch am selben Tag bezahlt.

26.11.2018: Zahl des Tages: 38 %

Eine repräsentative Umfrage im Rahmen der Studie „Digitale Versicherung 2018" im Auftrag des Softwareherstellers Adcubum ergab folgendes: 38 % der Deutschen können sich der-

zeit vorstellen, eine Versicherung komplett online abzuschließen.

5.12.2018: Wefox mit globaler Kooperation: KMU im Fokus

Das InsurTech Wefox geht eine strategische
Partnerschaft mit dem globalen Versiche-
rungsbroker Marsh ein. Ziel ist es, kleinen und
mittleren Unternehmen (KMU) in Europa umfassende Versicherungsdienstleistungen an-
zubieten.

„Es gibt bedeutende Chancen auf dem Markt
für KMU-Versicherungen, die durch die Evolu-
tion des Arbeitsplatzes und die wachsende
Nachfrage nach digitalen Lösungen angetrie-
ben werden", sagte John Drzik, Präsident im
Digitalbereich bei Marsh.

10.1.2019: Smartphone-Bank N26 bläst mit Allianz zur Attacke

Das Berliner Start-up N26 will weltweit expandieren und bekommt von Risikokapitalgebern
dafür 260 Millionen Euro zur Verfügung ge-
stellt. Insgesamt wurden in vier Finanzierungs-

runden 435 Millionen Euro eingesammelt, unter anderem beim Versicherungsriesen Allianz.

8.2.2019: Studie: Amazon könnte Versicherungsmarkt aufmischen

Die Versicherungswirtschaft und ihre Vermittler fürchten seit langem, dass Amazon und andere Internetgiganten ihnen heftig Konkurrenz machen könnten. Eine aktuelle Studie der Landesbank Baden-Württemberg kommt zu dem Schluss, dass diese Sorgen berechtigt sind.

Amazon ist eine weitaus größere Bedrohung für Versicherer als Start-ups, die die Assekuranz aufmischen wollen. Im Falle eines „Großangriffs" im Versicherungsmarkt durch Amazon würden beachtliche Teile des Geschäftsvolumens der etablierten Assekuranz-Konzerne als gefährdet angesehen werden.

Mit einer weltweit bekannten Marke, innovativer Technik, umfangreichen Kundendaten und hohen Skalenvorteilen hätte Amazon einen beachtlichen Kostenvorteil. Vor allem einfach zu erklärende Verträge mit kurzer Laufzeit und leicht abzuwickelnden Schäden wären für den Internetkonzern interessant. Dazu gehören

Reiseversicherungen und Rechtsschutzpoli-
cen.

6.3.2019: Deutsches InsurTech zieht neue Millionen an

Die Wefox-Gruppe hat rekordverdächtige 110 Millionen Euro bei Geldgebern eingesammelt. Auch Goldman Sachs hat sich an dem Insur-Tech beteiligt, das Europas führender Anbieter von Versicherungslösungen werden will.

Wefox konnte seine Umsätze zuletzt auf rund 40 Millionen US-Dollar steigern. Mehr als 1.500 Versicherungsmakler und über 400.000 Kunden machen das InsurTech nach eigenen Angaben zur Nummer eins unter den europäischen Plattformen.

„Die Versicherungsbranche ist bereit für einen radikalen Wandel. Wir haben damit die Gelegenheit, alle Versicherer weltweit in unsere Plattform zu integrieren und die größte Versicherungsgesellschaft der Welt zu werden", kommentiert Julian Teicke, Gründer und Vorstandsvorsitzender der Wefox-Gruppe, die erfolgreich absolvierte Finanzierungsrunde.

„Daher ist Mubadala – der Hauptinvestor aus Abu Dhabi – der perfekte Partner für uns. Sie verstehen ganz genau, dass der Versicherungsmarkt von Grund auf neu erfunden werden muss. Das haben wir bereits mit One Insurance bewiesen. Wir sind im Begriff, Europas führender Anbieter von All-in-one-Versicherungslösungen zu werden, die für die Kunden jederzeit und überall zugänglich sind."

11.3.2019: Faktencheck – Wie real ist die „Amazon-Gefahr" für Versicherer?

Versicherern steht ein Kundenexodus an Amazon bevor. Mit dieser steilen These fiel die Unternehmensberatung SMP vor Kurzem auf.

FONDS professionell ONLINE hat sich die dahinterstehende Ausarbeitung genau angeschaut.

„Versicherern droht die Gefahr, aufgrund vieler inaktiver Kundenbeziehungen zunehmend Kunden an Anbieter wie Amazon zu verlieren", sagt Ingo Marjan, Partner bei SMP.

Der Grund ist folgender: Versicherer haben zwar umfangreiche Kundenbestände, wissen aber zu wenig über die Personen dahinter.

Amazon-Nutzer informieren das Unternehmen hingegen ständig und bereitwillig durch ihre Suchanfragen, Kaufentscheidungen oder mit Hilfe von Alexa über ihre Bedürfnisse und Lebensumstände. So weiß Amazon genau, was Kunden brauchen. „Versicherer denken in Produkten. Amazon denkt vom Kunden her", erklärt Marjan. Deshalb seien Versicherer auch austauschbar.

Amazon selbst werde keine klassischen Versicherungen entwickeln. „Eher wird man sich einen Partner ins Boot holen, der selbst nicht in Erscheinung tritt", glaubt Marjan. Für Amazon seien Versicherungen nur Mittel zum Zweck. „Nicht reine Produktkategorien sind interessant, sondern Lebenswelten und Plattformkategorien", weiß der Unternehmensberater.

Andere Konkurrenten klopfen ebenso an die Versicherungstür. Die chinesischen Internetriesen Alibaba und Tencent verfügen über die gleichen Techniken.

Es mehren sich die Prognosen, dass Kfz-Versicherungen als eigenständiges Produktangebot zwischen 2030 und 2035 aufhören zu existieren. „Sie werden einfach vom Markt verschwinden", glaubt Alfons Niebuer, ebenfalls Vorstand und Partner bei SMP. Er bezieht sich auf Prognosen von Fidelity, Boston Consulting, Roland Berger und andere Recherchen.

Noch aber ist der Kampf für etablierte Anbieter nicht komplett verloren. „Die weitere Entwicklung hängt davon ab, wie schnell Versicherer den Umgang mit Daten professionalisieren und künstliche Intelligenz nutzen, um Kundenansprache und Produktentwicklung auf eine neue Ebene zu bringen", gibt Niebuer den traditionellen Versicherern mit auf dem Weg.

15.3.2019: Smartphone könnte Vermittler ersetzen

Die Gesichtserkennung hält Einzug in der Assekuranz. Der Rückversicherer Gen Re hat eine entsprechende App in petto, die Vertragsabschlüsse in wenigen Minuten möglich macht.

Interessenten müssen lediglich ein „Selfie" per Smartphone machen und ein paar simple Fragen mit „Ja" oder „Nein" beantworten. Das Kalkül: je schneller und unkomplizierter der Beantragungsprozess, desto eher kommt der Vertragsabschluss auch zustande.

Gen Re testet das System aktuell in Asien. Zur Auswahl stehen eine Sterbegeld-, eine Krankentaggeld- sowie eine Unfallversicherung.

Für den Einsatz in Europa sind Berufsunfähigkeits- und Risikolebensversicherungen vorgesehen.

22.3.2019: N26-Chef: „Wir haben kein Sicherheitsproblem"

Die Berliner Smartphone-Bank N26 hat seit ihrem Start im Jahr 2013 weltweit 2,5 Millionen Kunden gewonnen. Täglich werden über 10.000 neue Konten eröffnet. Mitgründer und Chef Valentin Stalf sieht weiterhin gute Wachstumschancen – und keine größeren Probleme mit der Sicherheit.

Die Smartphone-Bank prüft, wie sich ihr Geschäft mit einem Angebot an Versicherungen verbinden lässt. „Wenn sich etwa ein Kunde einen Skipass kauft, dann könnte er über unsere App eine Unfallversicherung hinzubuchen – mit einem Klick", sagt Stalf. Mögliche Modelle schaue sich das Unternehmen gerade auch mit dem neuen Miteigentümer Allianz an.

13.5.2019: InsurTech-Investments auf Rekordhoch

Im ersten Quartal gab es weltweit mehr Investments in InsurTechs als je zuvor. Die Technologieanbieter der Versicherungsbranche verzeichneten von Jänner bis März 2019 Zuflüsse im Gesamtwert von ca. 1,4 Milliarden US-Dollar.

12.6.2019: Axa ebnet US-InsurTech den Weg nach Europa

Lemonade will Europas Versicherungsbranche von Deutschland aus aufmischen. Die US-Amerikaner setzen dabei komplett auf eine App und die Zusammenarbeit mit dem französischen Versicherer Axa.

Der Versicherer Lemonade gilt als Einhorn der Branche. Es soll bereits zwei Milliarden US-Dollar wert sein. Zu den Investoren gehören neben Axa auch die Allianz, Google und die Softbank, ein japanischer Technologiekonzern.

In Deutschland starten die US-Amerikaner mit Haftpflicht- und Hausratversicherungen via

App. Künstliche Intelligenz und Chatbots sollen Gewinne bringen.

Statt eines großen Vertriebsapparats setzt das InsurTech auf eine ausgeklügelte App mit Algorithmen und künstlicher Intelligenz. Der Kundenservice für den europäischen Markt sitzt in Amsterdam. Bei den meisten Fragen hilft ein Chatbot den Kunden weiter, bei schwierigen Fragen sollen aber persönliche Ansprechpartner auf Deutsch weiterhelfen.

12.7.2019: Studie: Österreichs Finanzhäuser hinken Digitalisierung hinterher

Die heimische Finanzmarktaufsicht (FMA) hat eine umfassende Analyse zum Stand der Digitalisierung am österreichischen Finanzmarkt veröffentlicht.

Es zeigt sich dabei ein gemischtes Bild. Jedes fünfte Unternehmen hinke hinterher und habe die Digitalisierung kaum oder noch gar nicht in seiner Strategie berücksichtigt.

„Insgesamt sehen wir, dass die Unternehmen sich bereits sehr intensiv mit digitaler Innovation befassen. Der Wettbewerb wird stärker und zunehmend global, und die heimischen

Unternehmen dürfen den Anschluss nicht verlieren", mahnen die FMA-Vorstände Helmut Ettl und Klaus Kumpfmüller.

„Die Unternehmen am österreichischen Finanzmarkt sehen die Digitalisierung eher als evolutionären Prozess und erwarten mittelfristig keine disruptiven Veränderungen am Markt. Im Einsatz digitaler Technologien sieht ein Großteil der Unternehmen die Möglichkeit, Unternehmensprozesse effizienter zu machen", schlussfolgert die FMA.

Nach den News von FONDS professionell ONLINE nun einige, welche die Versicherungsberater zum Nachdenken anregen sollen:

In der Zeitschrift Gewinn 1/2018 wurde dargelegt, dass der Online- oder Mobile-Vertriebskanal dann gewählt wird, wenn etwas einfach und selbsterklärend ist: z. B. Reise-, Studenten-, Golf-, E-Bike-, Sonderklasse- oder Carsharing-Versicherungen.

Im Fonds professionell 4/2018 wird berichtet, dass die Deutsche Sparkasse einen **Versicherungsbetrieb über Bankomaten** testet. Kunden erhalten am eigenen Automaten den Tipp, sich bei Gelegenheit einmal mit den Unfall-,

Haftpflicht- und Rechtsschutzversicherungen des Sparkassenprogramms zu befassen.

Mittels Tastendruck kann gleich ein Telefontermin mit einem Bankberater vereinbart werden.

Weiters wird in der gleichen Ausgabe erwähnt, dass **Amazon** ein **Vergleichsportal für Versicherungen** starten möchte, vorerst aber ohne eigene Polizzen. Diesbezüglich werden angeblich schon fleißig Versicherungsexperten von anderen Firmen abgeworben. Amazon hält auch schon eine Beteiligung von ca. 16 Millionen US-Dollar am Onlineversicherer Acko.

Die Unternehmensberatung „Roland Berger" hat schon im Juni 2017 eine **Studie** über die „**Digitalisierung der Versicherungsbranche**" herausgebracht. Es wurden diesbezüglich weltweit 250 InsureTechs untersucht und mit Branchenvertretern ausgewertet.

Einige Kostproben:

TROV: Eine On-Demand-Versicherung für eine Vielzahl von Versicherungen – z. B. eine Versicherung für Mountainbikes. Kunden profitieren vom einfachen Vertragsabschluss mittels Smartphone. Das Angebot wird laufend ausgebaut. Schäden können direkt via Chatfunktion und durch eingesendete Fotos gemeldet werden.

ZEST Health: Die App hat zahlreiche Funktionen zum Thema Gesundheit. Die Kundenansprache ist mehr bedürfnis- als versicherungsorientiert. Es werden Krankenversicherungen gebündelt, es gibt Videokonsultationen, Einholung von Zweitmeinungen und Gesundheitsprogramme.

MyPension: Das erste InsurTech mit einer vollständig digitalen Lebensversicherung auf dem deutschen Markt. Es zeichnet sich aus durch eine hohe Nutzerorientierung, einfache Erklärungen und spielerische Elemente.

Im Fernsehen gab es im Sommer 2019 eine Werbung für die Hinterbliebenenvorsorge der ERGO-Versicherung – mit der Aufforderung, kostengünstig online abzuschließen.

Last, but not least können Sie sich vom Investment-Punk Gerald Hörhan inspirieren lassen:

In seinem Buch „**Der stille Raub**" schreibt er: Die Versicherungskonzerne entdecken gerade, wie gut sie ihre Produkte online verkaufen können. Der größte Teil des Geschäfts findet in Zukunft digital statt. „Ich kann mich gar nicht erinnern, wann ich selbst zum letzten Mal mit einem Versicherungsmakler gesprochen habe", erklärt Hörhan. „Wozu sollte ich das auch tun?", fragte er bei einem Vortrag die anwesenden Versicherungsmakler. „Ich vergleiche Preise und Leistungen von Versicherungen online und entscheide mich auf dieser Grundlage."

„Früher oder später werden das alle Versicherungskunden tun. Dadurch können die Versicherungen Provisionen sparen und ihre höheren Renditen selbst einstecken oder als Preisvorteil an ihre Kunden weitergeben."

„Die Digitalisierung ist ihre beste Chance, zu sparen. Dadurch wird der Großteil von ihnen arbeitslos werden." Starke Worte vom Investment-Punk.

Dass Hörhans Publikum über diese Info nicht immer dankbar ist, können Sie sich sicher vorstellen. Gerald Hörhan sieht jedoch über den Tellerrand, und wenn Sie als Versiche-rungsberater überleben wollen, sollten Sie es auch tun.

3

Trends 2018/19

Trends 2018/2019

Im Jänner 2018 hat das Softwareunternehmen Guidewire fünf große Trends in der Versicherungsbranche vorausgesagt. Beurteilen Sie selbst, wieviel davon eingetreten ist:

FONDS professionell ONLINE
31.1.2018

Diese Themen sind für die Versicherungen 2018 von besonderer Bedeutung:

1) **Datenanalyse wird zulegen** – Der Trend der personalisierten Angebote in der Versicherungsbranche wird weiter anhalten und sogar zunehmen. Die Kernprozesse der Versicherer werden durch die Nutzung moderner Datenanalysen noch weiter automatisiert werden.

2) **Künstliche Intelligenz wird vermehrt genutzt** – KI wird zu einer weiteren Automatisierung und damit zu einer weiteren Erleichterung der Arbeitsläufe

beitrag. Viele Entscheidungen werden in Zukunft von Systemen übernom-
men und durch das maschinelle Lernen
werden selbst komplexe Risiken vor-
weggenommen werden.

3) **Data Listening wird wichtiger** – Die
Anzahl von Cyber-Angriffen auf sen-
sible Bereiche von Unternehmen nimmt
weiter zu. Deswegen gewinnt das Absi-
chern von Cyber-Risiken für Versicherer
immer mehr an Bedeutung. Mit Data
Listening werden sie ihre Daten-analy-
sefähigkeiten ausbauen, um von exter-
nen Datenquellen die Tarifierung von
neuen Risikoklassen zu ermöglichen.

4) **Omnichannel-Service und Personali-
sierung wird steigen** – Neben dem
klassischen Webzugang, Smartphones
und anderen mobilen Endgeräten werden vor allem die Sprachsteuerung sowie auf künstliche Intelligenz basie-
rende Chatbots wichtiger werden. Da
die Nutzer bei ihren Aktivitäten im Internet in sozialen Medien digitale Fußspu-
ren hinterlassen, können wertvolle Daten zu Versicherungskunden gewonnen

werden. Diese können für die Produktentwicklung analysiert werden.

5) **InsurTechs gewinnen an Bedeutung**
– InsurTechs werden in diesem Jahr
vermehrt mit der klassischen Versicherungswirtschaft zusammenarbeiten.

Ende 2018 wurden dann von FONDS professionell die Pläne für das Jahr 2019 bei den großen Versicherern abgefragt. Hierzu ein kleiner
Auszug:

31.12.2018

Wiener Städtische Versicherung:

Der Versicherer berichtet, dass am Markt Lösungen gefragt seien, die einen Mix aus klassischer Lebensversicherung und Fondsveranla-
gung kombinieren. Diesbezüglich wird eine
Hybrid-Einmalerlagsvorsorge auf den Markt
gebracht werden.

Im Vertrieb werden Updates mittels Schulungen auf höchstem Niveau durchgeführt.

Uniqa:

Anfang 2018 hat die Uniqa die neue Generation ihrer fondsgebundenen Lebensversicherung auf den Markt gebracht. Bei den Fonds können Kunden nun aus rund 40 Portefeuilles und Einzelfonds wählen. Die Versicherung will damit ihren Kunden klare Kostenvorteile verschaffen. Der klare Fokus auf die angebotenen Fonds wird von den Vertriebspartnern sehr geschätzt.

Donau:

Der Fokus der Donau liegt auf ihren Lösungen zur Absicherung von biometrischen Risiken.

Die Donau-Versicherung legt höchsten Wert auf die regionale Verankerung und auf den Service vor Ort durch regionale Vertriebsmanager.

Generali:

In der Lebensversicherung setzt die Generali unverändert auf den Generali Life Plan, eine Kombination aus klassischer und fondsgebundener Veranlagung. Im Einmalerlagsbereich startet die neue fondsgebundene Produktlinie Generali LifeInvest.

Die Generali will digitalen Service mit persönlicher Beratung vereinen.

Große Pläne der Versicherer im lukrativen Lebensversicherungsmarkt.

FONDS professionell ONLINE hat die **Entwicklung des Prämienvolumens** der größten österreichischen Lebensversicherungen geprüft.

24.5.2019

In der Analyse stellte sich heraus, dass die Versicherer am Markt schwer zu kämpfen haben. Die meisten hatten in den letzten Jahren große Abflüsse zu verzeichnen.

Bei der Nummer 1 im Lebensversicherungsbereich – der Wiener Städtischen – waren es über die letzten Jahre knapp 35 % des Prämienvolumens. Nach der Fusionierung mit der Sparkassen-Versicherung im Herbst 2018 beträgt der Marktanteil 23,13 %. Doch die Abflüsse betrugen insgesamt 685 Millionen Euro.

Im Jahr 2018 sanken die gesamten verrechneten Prämien am österreichischen Markt um rund 3,5 % auf 5,6 Milliarden Euro. Dass es 2010 noch ein Prämienvolumen von 7,5 Milliarden Euro gab, sollte zu denken geben.

6.6.2019

Führungswechsel am Lebensversicherungsmarkt: Trend geht Richtung FLV

Aufgrund der aktuellen Zinslandschaft vollzieht sich ein automatischer Rückgang der klassischen Lebensversicherung. Der Trend geht eindeutig zu fondsgebundenen Lebensversicherungen. Auch nachhaltige Investments werden immer mehr nachgefragt.

Wieviel werden die Digitalversicherer den etablierten Gesellschaften mit kostengünstigen Tarifen wegnehmen?

Wie sieht der Trend in den neuen Medien aus?

FONDS professionell ONLINE hat die 10 wichtigsten Themen aufgelistet:

22.1.2019

Die 10 wichtigsten Hashtags 2019 für die Versicherungsbranche

1) **Instagram**: Die Relevanz von Instagram nimmt weiter zu. Versicherungen müssen spätestens jetzt beginnen, die Plattform zielgerichtet in die eigene Kommunikation einzubinden.

2) **Stories**: Prognosen gehen davon aus, dass 2019 erstmalig mehr Content im Stories-Format veröffentlicht wird als im Newsfeed. Die flüchtigen 24-Stunden-Inhalte werden Standard im Social-Media-Marketing – auch bei Versicherern.

3) **Content Marketing**: Die Qualität der Social-Media-Inhalte in der Versicherungsbranche steigt immer weiter, gleichzeitig sinkt die or-

ganische Reichweite. Der Content-Schock ist Realität. Wer seine Inhalte nicht mit Werbebudgets unterstützt, wird 2019 keinen Erfolg im Content Marketing haben.

4) **Facebook**: Facebook verliert erstmalig Nutzer. Die, die bleiben, verbringen dort weniger Zeit als zuvor. Die Konkurrenz im Newsfeed wird so immer größer. Für die Assekuranz bleibt Facebook relevant für zielgruppengenaue Werbung.

5) **Video**: Videos werden immer relevanter. Mobile Videoinhalte nehmen zu. Man muss sowohl inhaltlich als auch im Format darauf reagieren, d. h. mehr Quadrant und Hochkant, weniger horizontal.

6) **Audio & Voice**: Werden auch 2019 an Einfluss gewinnen. Es werden sowohl die Alexa Skills und Google Actions als auch die Podcastformate zunehmen. Voice-SEO wird zunehmend relevanter.

7) **Messenger Marketing**: Hat höhere Öffnungsraten. Die Conversion-Rate übertrifft die von E-Mail-Newslettern um ein Vielfaches. 2019 werden immer mehr Versicherer mit Messengern im Marketing experimentieren. Die Zahl der WhatsApp-Newsletter wird rasant ansteigen.

8) **Chatbots**: Sie werden zu einem gewichtigen Instrument in der Kundenkommunikation. Wahrscheinlich werden wir auch die ersten Kampagnen sehen, bei denen Chatbots und künstliche Intelligenz einen elementaren Faktor bilden.

9) **E-Sport**: Erfährt eine enorme Popularität und wird spätestens 2024 Teil der Olympischen Spiele sein. Die Assekuranz hat das Potential dieser Sportart erkannt. Schon jetzt sind mehr als zehn Versicherer im E-Sport-Sponsoring aktiv, 2019 wird die Zahl weiter steigen.

10) **TikTok**: Es ist eine Kurzvideo-Playback-App und das beliebteste Netzwerk auf den Schulhöfen. Versicherer müssen es aus zwei Gründen beobachten: 500 Millionen Nutzer

monatlich und das erste weltweit relevante Netzwerk aus Asien.

Trends zu verstehen ist wichtig für das Überleben der Versicherer und ihrer Außendienste. Gehen Sie mit der Zeit, sonst gehen Sie mit der Zeit.

4
Konkurrenz

Konkurrenz

Wer nimmt den Versicherungsberatern das Geschäft bzw. ihre Provision weg?

1) Makler:

Wenn Außendienstmitarbeiter einer Versicherung mit Angeboten eines Maklers konfrontiert werden, dann können sie sich anschnallen. Häufig ist bei gleichen oder ähnlichen Produkten der Preisunterschied so gravierend, dass die Berater oft sprachlos werden. Selbst mit Abzeichnungen auf höchster Ebene können viele Preise nicht gehalten werden. Das ist natürlich frustrierend.

Doch kochen auch Makler manchmal ihre eigene Suppe. In der Praxis gab es in den letzten Jahren vermehrt Fälle, bei denen Hausversicherungen vom Makler viel günstiger als die bestehende Versicherung angeboten wurden – das Ganze bei der gleichen Versicherung.

Der Kunde war auf den Berater böse, weil er angeblich viel zu viel für seinen Schutz bezahlt hatte. Dass der Makler allerdings Äpfel mit Birnen verglichen hat, steht auf einem anderen

Blatt. Beim selben Deckungsbereich wäre die Prämie ident gewesen.

In der Bevölkerung ist es jedoch noch immer verankert, dass der Makler dieselbe Versicherung viel günstiger anbieten kann.

Ich habe auch Praxisfälle gesehen, bei denen Lebensversicherungen mit dem Argument gekündigt wurden, dass diese bei einem anderen Anbieter ja viel mehr Gewinn bringen würden.

Da die meisten Österreicher Versicherungsverträge nicht lesen können – besonders das Kleingedruckte –, willigten sie in die Kündigung ein und schlossen einen neuen Vertrag ab. Was dem Kunden nicht genannt wurde, war die Provision, welche wieder von Anfang an abgerechnet wurde – zum großen Nachteil des Kunden.

Diese Methoden wurden schon vom Ombudsmann heftig kritisiert, doch manchmal versuchen Berater – egal ob Makler oder Außendienst – so ihre Provision aufzufetten.

Ein weiterer Vorteil der Makler ist das Firmengeschäft. Ein gutes Unternehmen möchte das Produkt mit dem besten Preis-Leistungs-Verhältnis erwerben. Wieso soll eine Firma sich hier an einen Versicherungsangestellten wenden, wenn ein Makler den kompletten Markt durchleuchten kann?

Nicht nur die Makler sind eine harte Konkurrenz, es gibt auch:

2) Banken:

Viele Banken gehen strategische Partnerschaften mit Versicherungen ein. Die Banken verdienen hier zusätzliches Geld durch die Provisionen der Versicherungsprodukte. Die Versicherungen hingegen haben einen zusätzlichen Absatzkanal für ihre Gewinnsteigerungen.

Dem Außendienst werden die Kooperationen in höchsten Tönen schmackhaft gemacht. Die Berater können ja durch Vermittlung von Bankgeschäften – Konto, Kredite, Bausparen etc. – mehr Provision lukrieren. Das ist richtig, doch dass die Banken auch eine gewaltige Konkurrenz für den Außendienst bedeuten, wird unter den Tisch gekehrt.

Dazu ein Praxisfall nach meinem Berufsausstieg bei der Versicherung:

Meine Freundin ging mit mir zur Wiener Städtischen. Wir machten einen kompletten Versicherungscheck und ließen uns bezüglich einer Kreditberatung an die Sparkasse vermitteln.

Einfach deshalb, damit ein Außendienst eine zusätzliche Provision erzielen kann. Einige Tage später hatten wir die Beratung bei der

Sparkasse. Es wurde ein Deal abgeschlossen und bereits hier wurde von der Bank ein neuer Termin in ein paar Wochen anvisiert.

Bei diesem Zweittermin gab es einen kompletten Finanz- und Versicherungscheck.

Wenn hier nicht eine enge Beziehung des Versicherungsaußendienstes mit seinem Kunden besteht, dann wandern manche Versicherungen zur Bank. Hier ist egal, welche Klauseln es zwischen Versicherung und Bank gibt. Entscheidend ist die Beziehung von Kunde und Berater.

3) Internet:

Schon heute können viele Versicherungen im Internet abgeschlossen werden. In Österreich gibt es dazu noch eine Hemmschwelle. Keine 10 % der Kunden sollen tatsächlich online einen Vertrag abschließen. Lieber werden Vergleichsportale verwendet, um dann einen Berater mit Billigprämien zu konfrontieren.

Doch Amazon und Co. stehen vor der Tür. Schon 2018 wurden von Amazon fleißig Versicherungsexperten von anderen Firmen abgeworben. Das ist eine große Gefahr, denn Amazon hat Zugriff auf eine riesige Kundenbasis und könnte schnell mit passenden Vorschlägen für Versicherungspolicen in den Markt gehen.

Hier wird es aber nicht nur um „peanuts" wie Reise-, Haushalts- und Unfallversicherungen gehen, sondern auch mit Lebensversicherungen könnte durchgestartet werden.

Für Berater heißt es dann, sich von einigen Bestands- und potentiellen Neuverträgen zu verabschieden.

Nicht nur Amazon, sondern auch der chinesische Versicherungsgigant Ping An möchte

Europa erobern. Er besitzt u. a. den größten privaten Krankenversicherer in China und ist digital hervorragend aufgestellt.

Diese Herausforderung ist nicht zu unterschätzen.

4) Autohäuser:

Viele große Versicherer arbeiten mit Autohäusern zusammen. Autokauf, Leasing und Versicherung unter einem Dach – das Einfachste für einen Kunden.

Autohäuser bieten oft Versicherungssonderkonditionen bei Kauf eines Neuwagens an, z. B. Gratiskasko für 6 bis 12 Monate.

Gehen Sie bei so einem Angebot noch zu einem Berater?

Dazu bekommen Sie vielleicht noch einen speziellen Nachlass beim Auto, wenn die Versicherung beim Autohändler abgeschlossen wird. Natürlich auch eine Kaskoreduktion, wenn der Schaden im Autohaus repariert wird.

Hier kann ein Kunde schwer Nein sagen. Es wird lieber Nein zum Versicherungsberater und Ja zur eigenen Brieftasche gesagt.

Autohäuser verdienen mit Versicherungen ein schönes Zubrot. Lukrative Provisionen werden ausgeschüttet.

Der Außendienst verliert hier – selbst bei einer tollen Kundenbeziehung – viele Verträge.

Bei Versicherungen werden tausende Personen für den Außendienst gesucht. Wenn Sie bei einer Versicherung im Außendienst anfangen wollen, dann schauen Sie sich vorher noch die zusätzlichen Herausforderungen im nächsten Kapitel sowie das Survivaltraining an.

5

Herausforderungen

Herausforderungen

Welchen Herausforderungen muss sich ein Versicherungsberater stellen?

Zusätzlich zur großen Konkurrenz soll ein Vertreter mit Priips, IPID, KID, LIPID und einigen andern Rechtsvorschriften vertraut sein. Ein Laie versteht hier nur Bahnhof und auch Berater müssen oft länger überlegen, welche Bedeutung diese Kürzel haben.

Die Priips-Verordnung ist eine Rechtsgrundlage und schreibt z. B. den Anbietern von Fondspolicen vor, neue Basisinformationsblätter (BIB) aufzulegen. IPID ist das Informationsblatt für Nichtlebensversicherungsprodukte. KID ist das Beiblatt für Versicherungsanlageprodukte und LIPID das Dokument für Risikolebensversicherungen.

Sollte einmal ein Berater diese Kürzel fallen lassen, dann wissen Sie, dass er gut geschult ist. Verstehen werden das jedoch die wenigsten Kunden.

Regulierungen

Die laufenden Regulierungen und neue Gesetze zerren an den Nerven der Versicherungsberater. 1995 gab es vielleicht zwei bis
drei Änderungen bzw. Neuerungen im Monat.
Heute werden die Berater täglich damit be-
schossen – teilweise 10- bis 20-seitige Unterlagen, welche gelesen und bestätigt
werden müssen.

Haftungen

Die Versicherungen sichern sich immer mehr ab – auch gegenüber den eigenen Angestellten. Bei den Schulungen des vorigen Jahrhunderts hat es noch geheißen, dass bei einem Beratungsfehler des Außendienstes die Versicherung die volle Haftung übernimmt. Heute ist das aber nicht mehr so sicher.

Die feine Judikatur sagt nämlich, dass bei einem Beratungsfehler die Versicherung an den Geschädigten zur Zahlung verpflichtet ist. Doch danach könnte sie sich das ausbezahlte Geld auch vom Mitarbeiter zurückholen. Das dies in der Praxis noch nicht vorkommt, heißt nicht, dass es in Zukunft auch so bleiben wird.

Provisionsrückrechnung

Eine weitere große Herausforderung liegt in der Provisionsrückrechnung. Ein Vertreter hat z. B. eine schöne Lebensversicherung abgeschlossen und feiert jetzt eine Zusatzprovision von 1.000 Euro. Berater müssen hier jedoch langfristig kalkulieren und ihr Geld nicht zu schnell verbrauchen. Die Versicherungen haben z. B. Provisionsrückrechnungen bei Stornierungen oder Stilllegungen der Verträge von 5 bis 10 Jahren.

Ich hatte vor einigen Jahren eine große Berufsunfähigkeitsversicherung abgeschlossen. Als ich dann ein Jahr später auf meinen Gehaltszettel blickte, wunderte ich mich, warum es diesmal einige hundert Euro weniger waren als gewöhnlich. Bei Kontrolle der Provisionszettel sah ich das Storno dieses Vertrages mit einer Rückrechnung von 800 Euro. Jetzt war ich natürlich nicht mehr amüsiert.

Prozesse

Dass es auch zu vielen Prozessen bezüglich Falschberatungen bei den Lebensversicherungen gekommen ist, davon haben die Medien schon sehr stark berichtet. Hier sollen laut Konsumentenschützer nicht korrekte Belehrungen über das Rücktrittsrecht erfolgt sein.

Deshalb kann eine Rückabwicklung der Lebensversicherung auch nach vielen Jahren erfolgen. Ob der Berater dabei alle erhaltenen Provisionen wieder zurückzahlen muss, ist unklar.

Probleme der Fondsberatung

Bei der fondsgebundenen Lebensversicherung entsteht ein weiteres Problem. Nach einer mehrtägigen Kurzschulung werden die Berater für den Verkauf dieser Produkte zugelassen. Dass diese Versicherung jedoch ihre Beratungstücken besitzt, erfährt man erst im harten Praxistest.

Wenn man dieses Produkt einem versierten Aktienbesitzer anbietet, dann kann man leicht in Verlegenheit kommen. Die Spesenbelastung schmackhaft zu machen ist ein weiteres Thema. Und Achtung: wenn beim Abschluss nicht auf den niedrigen Rückkaufswert nach mehreren Jahren eingegangen wird, dann stehen Sie unter Dauerbeschuss des Kunden. Die Einzahlung übersteigt den Rückkaufswert meistens erst nach mehr als 10 bis 12 Jahren.

Kapitalgarantieprodukte

Kapitalgarantieprodukte klingen toll für einen Konsumenten. Ich habe davon viele gesehen – Versicherungs- und Bankenprodukte. Meistens, wenn ich das Kleingedruckte gelesen hatte, dachte ich mir, ob die Anbieter die potentiellen Kunden vergraulen wollten. Im Nachhinein sah ich, dass Kunden bei einem Garantiefall meistens ca. 20 % ihres Kapitals aufgrund der Inflation verloren hatten – selbst in Börsenhochzeiten, da die Garantie ja Geld kostete. Was die wenigsten wissen: einen Gewinner gibt es immer – der Versicherung ist es egal, ob sie nur die Garantie oder mit einem hohen Gewinn auszahlen muss. Aufgrund der internen Spesen verdienen sie umso mehr, je mehr ihre Berater verkaufen.

Warum trotzdem genug dieser Produkte abgesetzt werden können, erfahren Sie im Kapitel „Finanzintelligenz der Österreicher".

Komplexe Verträge

Die Komplexität der einzelnen Verträge nimmt immer mehr zu. Nach ca. zwei Jahren mit Abschluss der BÖV-Prüfung hat man die Volksschule der Versicherungsbranche abgeschlossen. Ein tieferes Verständnis der Materie gewinnt man erst nach mehrjähriger Praxis.

Die enorme Vielfalt des notwendigen Wissens und der harte Konkurrenzkampf lassen viele Versicherungsberater verzweifeln. Die Ausfallquote von Neulingen ist gigantisch. Obwohl viele tausende neue Berater von den Versicherungen gesucht werden, überleben nur wenige die ersten drei Jahre.

Wie das Überleben funktionieren kann, beschreibe ich beim Kapitel „Überlebenstraining".

Schadensabwicklungen

Eine weitere Herausforderung liegt in den Schadensabwicklungen.

Es gibt oft Schäden, welche laut den Bedingungen nicht gedeckt sind. Hier müssen die Berater sehr sensibel mit den Kunden umgehen. Verständnisvolle Kunden gibt es da nicht so viele. Eher Kunden, welche Dir klipp und klar sagen, dass bei Nichtzahlung alle Verträge gekündigt werden.

In dieser Situation müssen Berater ihre Gefühle aus der Handlung rausnehmen. Es geht nämlich um die Sache, nicht die Person. Ich habe viele Mitarbeiter von Versicherungen gesehen, welche das nicht konnten und danach von einigen Alpträumen geplagt wurden.

Vertriebsrichtlinien

Der hohe Aufwand durch die IDD (Versiche-
rungsvertriebsrichtlinie) wird sich als Vorteil
herausstellen. Es wird jetzt automatisch nach
der gesetzlichen Grundlage ein Kunde voll
durchleuchtet und deshalb können zusätzliche
Verträge abgeschlossen werden.

Die DSGVO (Datenschutz-Grundverordnung)
ist ein weiteres Ungetüm, das dem Kunden erklärt werden muss. Macht einige Seiten aus
und ich kenne wenige Leute, welche das tatsächlich durchlesen.

Natürlich müssen auch die Regeln für Geld-
wäsche beachtet werden.

Was die Erfinder dieser Richtlinien Konsu-
mentenschutz nennen, lesen 99 % aller Leute
nicht durch. Auch Berater können nur kurz auf
diese Gesetze eingehen, da sonst eine Ver-
tragsgestaltung mehrere Stunden in Anspruch
nehmen würde.

Diese gewaltigen Herausforderungen bringen viele Berater an die Limits ihrer Leistungsfähigkeit. Und das ist auch der Grund, warum über 90 % der neuen Mitarbeiter eine Versicherungsanstalt innerhalb von drei Jahren wieder verlassen.

Wie Sie sich trotzdem mit Freude und konsequentem Fokus etwas aufbauen können, erfahren Sie beim Survivaltraining im letzten Kapitel.

6
Die Finanzintelligenz der Österreicher

Finanzintelligenz in Österreich

Wie finanzintelligent sind die Österreicher?

Je mehr Sie über Geld wissen, desto mehr können Sie in Geldangelegenheiten sparen bzw. Gewinne erzielen. Die Statistik sagt über die Finanzintelligenz der Österreicher nichts Rühmliches.

Im Mai 2019 schrieb die Kleine Zeitung: „**In großen Gelddingen haben junge Menschen keine Ahnung**. Viele fühlen sich selbst zwar kompetent, doch wenn es um größere Entscheidungen geht, dann ‚schwimmen' die meisten. Das sind die Ergebnisse einer Studie des österreichischen Bankenverbands und der Bawag."

„Den Umgang mit Geld lernen die meisten in der Familie. Problematisch wird dies, wenn Eltern sich in einer kritischen finanziellen Situation befinden. Auch die Schulen bekommen keine guten Noten. 66 % der über 1.000 befragten jungen Leute zwischen 18 und 29 Jahren gaben an, dort viel zu wenig über Geldwissen gelernt zu haben."

Deshalb ist es gut, wenn neue Ideen geboren werden, um die Finanzbildung von Kindern und Jugendlichen zu verbessern.

Im Oktober 2016 wurde der Financial Life Park (FLiP) auf dem Campus der Ersten Bank eröffnet. Die Zeitschrift „Gewinn" schreibt darüber im April 2019: „Ziel von FLiP ist es, das Finanzwissen sowie das finanzielle Allgemeinwissen von Kindern und Jugendlichen zu verbessern, Zusammenhänge aufzudecken, Prävention gegen die individuelle Verschuldung zu betreiben und die finanzielle Eigenverantwortung zu stärken."

Mit **FLiP2Go** wurde im April 2019 eine **österreichweite Finanzbildungsinitiative** gestartet. Es handelt sich um einen Doppeldeckerbus, welcher ein Upgrade auf einen Finanzbildungsbus bekam. Auf sieben inter-aktiven multimedialen Spielstationen bekommt der Spielende Einblicke, wie das Geld im Wirtschaftsleben arbeitet. Auch die persönliche Budgetplanung erschließt sich ganz spielerisch. Der „Job-O-Mat" vermittelt den Zusammenhang von Ausbildung und Verdienstmöglichkeiten, und im „Geld-Labyrinth" wird auf die Gefahren der Verschuldung eingegangen.

Aufgrund der aktuellen Nullzinsphase erleben die klassischen Sparformen wie Sparbuch und Bausparen Realverluste. Die niedrige Verzinsung kann mit der Inflation nicht mithalten. Trotzdem liegen mehr als 250 Milliarden Euro als täglich fälliges Geld bei den österreichischen Banken.

Die Mehrheit der Österreicher scheut jedes Risiko. Die Österreicher haben den niedrigsten Anteil von Aktien im Eurovergleich. Das Einkommen aus Geldvermögen ist in Österreich nur halb so hoch wie in den übrigen Euroländern.

Es ist deshalb wichtig, in das Finanzwissen von Kindern bis zu den Erwachsenen zu investieren.

Aus Amerika kommt das unter Insidern sehr beliebte „Cashflow"-Spiel von Robert T. Kiyosaki. Es zeigt spielerisch, wie man aus dem Hamsterrad des monatlichen Geldspieles von Verdienen und Ausgeben herauskommt und finanziell frei wird.

Sein Millionenseller „Rich Dad, Poor Dad" sollte in keiner Bibliothek fehlen. Hier wird genau erklärt, wie arme Leute und reiche Leute handeln. Arme Leute schaffen sich Verbindlichkeiten, die Geld aus der Tasche ziehen. Reiche Leute kaufen sich Vermögenswerte, welche Gewinne bringen.

Ein anderes interessantes Werkzeug für Finanzbildung ist das Buch „Automatisch Millionär" von Richard Bach. Er zeigt in einfacher Form, auf was es im Geldleben ankommt und wie jeder ohne große Mühe seinen Geldfluss erhöhen kann.

Was ist der Unterschied zwischen einer finanzintelligenten und einer finanzunintelligenten Person?

Der Unterschied soll im Angebot bei einer Lebensversicherung erklärt werden:

Die finanzunintelligente Person vertraut auf den gut ausgebildeten Berater, dass dieser ihm das bestmögliche Produkt anbietet. Der Kunde sieht, dass bei langjähriger Einzahlung von z. B. 20 Jahren ein kleiner Gewinn übrigbleibt. Dem Kunden gefällt es vielleicht und der Vertrag kann abgeschlossen werden.

Die finanzintelligente Person kann hingegen alle Zahlen des Vertrages lesen und **wird dem Berater ein Loch in den Bauch fragen.** Diese Fragen könnten z. B. sein:

1) Wenn ich 100 Euro monatlich auf 15 Jahre einzahle, dann sind das gesamt 18.000 Euro. Warum habe ich aber nur eine Garantie über z. B. 15.500 Euro?

2) Wieviel mehr Gewinn habe ich bei jährlicher anstatt monatlicher Zahlung?

3) Wieviel Rendite bringen bei meinem Vertrag die letzten 5 Jahre der Einzahlung?

4) Warum bekommen meine Nachkommen im Todesfall weniger Kapital nach 10 Jahren heraus, als ich eingezahlt habe?

5) Wieviel Kapital wird tatsächlich für die Sparrate verwendet?

Diese und viele andere Fragen zeigen, dass eine Person ihre Hausaufgaben gemacht hat. Die Konsequenz lautet: Zu niedriger Gewinn oder zu hohe Spesen bedeuten kein Abschluss.

Oder eine **Zusatzfrage bei fondsgebundenen Lebensversicherungen:**

1) Ich investiere 25 Jahre lang 100 Euro in eine fondsgebundene Lebensversicherung. Wieviel Kapital erhalte ich danach bei einer Verzinsung von 0 %?

Ich weiß, das klingt nicht realistisch, doch zeigt es Ihnen die Kostenbelastung innerhalb von 25 Jahren. Geld, das für die Steuer und die Spesen der Versicherung verwendet wird.

Bei einer Investition von 30.000 Euro in 25 Jahren beträgt dieser Betrag laut Analyse von FONDS professionell 4/2018 je nach Versicherer von 24.277,-- bis 27.282,-- Euro.

Aktuell wird viel mehr in fondsgebundene Lebensversicherungen investiert. Beratung ist hier sehr wichtig.

Doch, was wenig bekannt ist: Eine finanzintelligente Person kann schon beim Abschluss einige tausend Euro sparen. Diese machen sich dann bei der Auszahlung in Form eines viel höheren Gewinnes bemerkbar.

Möchten Sie das auch?

Dann studieren Sie einmal die Bücher „Money" und „Unangreifbar" von Tony Robbins. Dadurch wird Ihre Finanzintelligenz gestärkt und Sie werden wahrscheinlich mehr wissen als die meisten Versicherungsberater. Außerdem werden Sie auch anfangen zu überlegen, ob es nicht bessere Strategien gibt als den Abschluss einer Lebensversicherung (auch fondsgebundene).

Die Banken und Versicherungen bieten dem **sicherheitsbewusste**n **Österreicher** auch gerne **Garantieprodukte** an. Wenn Sie damit konfrontiert werden, dann lassen Sie sich einmal zeigen, wieviel Gewinne vergangene Produkte in den letzten 15 Jahren abgeworfen haben.

Auch das Kleingedruckte sollte gelesen werden.

Wissen Sie, warum eine finanzintelligente Person selten in Garantieprodukte der Fondsindustrie investiert?

Die Spesen und die Garantieabdeckungen fressen zu viel Kapital. Die Gewinnchancen sind bei einem ausgeglichenen Aktien- oder Fondsportfolio einiges höher.

Ich habe den Markt für Garantieprodukte über 20 Jahre beobachtet und gesehen, dass viele mit der Garantie ausbezahlt worden sind. Das bedeutet z. B. bei Kapitalgarantie, dass Sie nach 10 Jahren Ihr eingesetztes Kapital zurückbekommen. Die Inflation wird hier aber nicht erwähnt.

Die Sicherheitsfreaks sollten hier die Finanzbücher von Bodo Schäfer lesen oder gleich

Aristokratenaktien (Aktien, welche mindestens 25 Jahre hintereinander immer ihre Dividende erhöht haben) näher betrachten. Diese Aktien schütten jährlich erhöhtes Kapital aus und können auch mit schönen jährlichen Preissteigerungen glänzen.

Vergleichen Sie die Gewinne dieser Aktien mit Ihrer fondsgebundenen Lebensversicherung. Sie werden staunen.

Das Argument der Spesen bei Aktien- oder Fondskauf können Sie im digitalen Zeitalter nicht mehr gelten lassen. Es gibt z. B. sichere Anbieter im Internet, bei denen Sie eine amerikanische Aktie von 50,– US-$ mit 0,55 Cent Spesen erwerben können, österreichische Aktien von 1.000 Euro mit unter 3,– Euro Spesen. Fragen Sie einmal Ihren Bankberater, ob die das auch machen.

Die **Herausforderung** bei all dem vorhandenen Wissen ist oft die Gleichgültigkeit der Österreicher. Sie möchten sich keine Gedanken über ihr Geld machen. **Ihr Berater soll Ihnen alles zeigen.**

Das ist in Ordnung. Denken Sie aber immer daran, dass Sie mit einer höheren Finanzintelligenz viel mehr Gewinne erzielen werden.

7
Überlebenstraining

Überlebenstraining

Wie kann ein Versicherungsberater trotz harter Konkurrenz – digital und offline – überleben und seinen Bestand auch ausbauen?

1) Der begeisterte Kunde

Die Organisationen der Versicherungen behaupten oft, dass ein Kunde zufrieden sein muss, damit er nicht wechselt. Tatsache ist allerdings, dass ein zufriedener Kunde immer ein Wechselkunde ist.

Wenn Sie z. B. jahrelang ein begeisterter BMW-Fahrer waren, werden Sie nicht von heute auf morgen auf die Marke Mercedes umsteigen. Hier wurde eine tiefe Beziehung aufgebaut, welche schwer zu lösen ist.

Die Beziehung zum Kunden muss deshalb intensiviert werden. Ein begeisterter Kunde wird Ihnen auch bei einem abgelehnten Schadensfall die Treue halten.

Wie erreichen Sie das?

Machen Sie sich Gedanken, wie Sie Ihren Kunden helfen können. Wenn Ihr Kunde ein gesundheitliches Problem hat, suchen Sie einen Spezialisten und geben Sie ihm diese Info. Wenn Ihr Kunde einen Gebrauchtwagen sucht, dann recherchieren Sie und leiten Sie ihm das Angebot weiter.

Die Geburtstagskarte oder der -anruf sollten selbstverständlich sein.

Es geht nicht darum, ein schnelles Geschäft zu machen, sondern tiefes Vertrauen aufzubauen. Danach ist der Kunde auch bereit, mit Ihnen größere Geschäfte zu machen.

Handeln Sie nach dem Motto „Geben ist seliger denn Nehmen". Sie werden davon nur profitieren.

2) Paretoprinzip

Vilfredo Pareto, ein italienischer Ingeni-
eur und Ökonom, entwickelte im 19.
Jahrhundert das sogenannte Pareto-
Prinzip.

Er fand heraus, dass man alles durch
80/20 teilen kann. Für die Versicherung
heißt das: 20 % der Mitarbeiter bringen
80 % des Umsatzes und umgekehrt –
80 % der Mitarbeiter bringen nur 20 %
des Umsatzes.

Wenn Sie erfolgreicher werden wollen,
dann durchleuchten Sie einmal Ihre
Kundenstruktur: Ca. 20 % Ihrer Kunden
bringen ca. 80 % Ihrer Provision und ca.
80 % Ihrer Kunden bringen Ihnen 20 %
Ihrer Provision. Die meiste Arbeit haben
Sie also mit den Kunden, welche Ihnen
nur 20 % Ihres Einkommens lukrieren.

Weniger bekannt ist, dass diese Teilung
noch weiter geht:

Mit 20 % Ihrer Aktionen erreichen Sie 80 % Ihres Ergebnisses. Mit 4 % Ihrer Aktionen erzielen Sie 64 % Ihrer Ergebnisse und mit 1 % Ihrer Aktionen machen Sie 51 % Umsatz.

Machen Sie eine Analyse Ihrer gesamten Kundenstruktur. Dann fokussieren Sie sich auf Ihre gewinnbringenden Kunden und bauen diese aus. 80 % Ihrer Kunden geben Sie einem Kollegen mit Provisionsteilung.

Fazit: weniger Arbeit und mehr Gewinn.

Für eine bessere Organisation empfehle ich Ihnen das Buch „Die 4-Stunden-Woche" von Timothy Ferriss.

3) **Fokus**

Fokussieren Sie sich auf gewinnbringende Aktivitäten. Analysieren Sie zwei
Wochen lang Ihren Arbeitsablauf.
Schreiben Sie jede einzelne Aktivität auf
und prüfen Sie, was Ihnen Gewinn gebracht hat und was nicht. Eliminieren o-
der delegieren Sie alle nicht gewinnbringenden Aktivitäten.

Bringen Sie Struktur in Ihren Arbeitsablauf, z. B. eine E-Mail-Bearbeitung von
11:00 Uhr bis 12:00 Uhr, Kundenanrufe
von 08:00 bis 10:00 Uhr.

Mitarbeiter, welche im Urlaub das Tele-
fon abheben – weil sie glauben, dass es
ohne sie nicht funktionieren kann – haben noch nie etwas von optimaler Rege-
neration gehört. Bei richtiger Einteilung
und Kundenkommunikation gehen Sie
auch bei einem zweiwöchigen Urlaub
keinem Kunden ab.

Überlegen Sie auch, ob Sie Jäger oder
Farmer sind. Ein Jäger holt die Geschäfte rein und ein Farmer pflegt und baut

weiter auf. Teamarbeit ist gefragt. Jeder macht das, was er am besten kann.

Viele langdienende Mitarbeiter fürchten sich vor Provisionsverlusten bei einer Zusammenarbeit im Team. Am Anfang mag das stimmen, doch mit einer langfristigen Strategie gleicht sich das aus, und Sie erzielen mit weniger Arbeit mehr Gewinn.

Ihr Fokus auf gewinnbringende Aktionen lässt Ihre Provisionen steigen.

4) Geschäfte der Zukunft

Außendienstmitarbeitern mit einem großen Kfz-Stock empfehle ich ein komplettes Umdenken. Eine Kfz-Versicherung ist aktuell ein Einstiegsgeschäft. Es ist jedoch auch die Versicherung mit dem höchsten Arbeitsaufwand für den Außendienst.

Stellen Sie sich vor, dass die Autoversicherungen in den nächsten Jahren aufgrund der Digitalisierung immer weniger werden und es in 10 bis 15 Jahren keine Autoversicherungen mehr zum Anbieten gibt. Können Sie dann überleben?

Mit einer hervorragenden Kundenbeziehung und regelmäßigen Kontakten werden folgende Geschäfte auch in Zukunft laufende Provisionen für den Versicherungsaußendienst garantieren:

a) **Haushaltsversicherung**: Diese ist einfach gestaltet und die Jugend wird sie vermehrt im Internet abschließen. Wenn ich allerdings ein gutes Service liefere, werde ich auch bei jungen Leuten punkten können. Personen ab 45 ist die Betreuung wichtiger, als im Internet einige Euro zu sparen. Sie schätzen das persönliche Service – das ist Ihre Chance.

b) **Unfallversicherung**: kann zu einem reinen Online-Produkt für junge Leute werden. Bei älteren Personen steht auch hier die persönliche Beratung im Vordergrund.

c) **Rechtsschutzversicherung**: ein ideales Online-Produkt. Bei einer optimalen Beratung werden allerdings auch junge Leute bereit sein, diese Versicherung bei Ihnen abzuschließen. Ältere sowieso.

d) **Hausversicherung**: Ein eigenes Haus ist für die meisten Menschen der größte Vermögensteil. Deshalb werden Personen ab 40 Jahre diese nicht digital auslagern. Viele haben Angst, hier digital Fehler zu begehen und schätzen die Schadensabwicklung eines guten Beraters. Auch die meisten jüngeren Personen werden

hier einem Berater den Vorzug geben.

e) **Hinterbliebenenvorsorge**: eine lukrative Nische. Online leicht abzuschließen. Ältere Personen werden
aber auch weiterhin dieses Produkt
vorwiegend offline abschließen.

f) **Landwirtschaftsversicherung**: für
ältere Personen ein No-Go, diese digital abzuschließen. Für jüngere
Leute nur dann interessant, wenn
diese online eine große Preiserspar-
nis hätten.

g) **Krankenversicherung**: für Berater
wahrscheinlich die größte Chance,
bei einer guten Kundenbeziehung
diese offline abzuschließen.

h) **Lebensversicherung**: Risikoversi-
cherungen und einfache Lebensversicherungen werden digital viel luk-
rativer für die Kunden sein. Die
fondsgebundene Lebensversicherung bietet Zukunftschancen mit Ab-
schlüssen auch bei jüngeren Leuten.

Fokussieren Sie sich auf die gewinnbringendsten Versicherungen und bauen Sie eine intensive, freundschaftliche Beziehung zu Ihren Kunden auf. Dann werden sich diese auch gerne von Ihnen beraten lassen.

Wenn Ihre Kunden von Ihnen und auch Ihrer Versicherung begeistert sind, dann haben Sie alle Chancen auf eine lukrative Zukunft als Versicherungsberater.

Schlusswort

Das Ende dieses Buches kann einen neuen Anfang für Sie als Versicherungsberater bedeuten.

Analysieren Sie Ihren aktuellen Ist-Zustand und fokussieren Sie sich auf gewinnbringende zukünftige Geschäfte.

Um weiterhin in der Versicherungsbranche zu überleben, sollten Sie innehalten und die „digitale Revolution" auf sich wirken lassen. Machen Sie Pläne, wie Sie Ihre Kunden im digitalen Zeitalter begeistern können. Denn dann haben Sie alle Chancen, in diesem schönen Beruf erfolgreich zu bleiben bzw. zu werden.

Wenn Sie überlegen, in die Versicherungsbranche zu wechseln, dann haben Sie jetzt ein klares Bild, was Sie erwarten wird.

Verkaufsabschlüsse beruhen vorwiegend auf emotionalen Grundlagen. Wenn Sie nach dem Lesen dieses Buches das Gefühl haben, dass dieser Beruf für Sie eine lohnenswerte Aufgabe sein könnte, dann machen Sie es einfach.

Besonders älteren Personen ist dies ans Herz zu legen. Die Versicherungen lieben ältere Arbeitnehmer, denn diese strahlen Souveränität aus und denken viel langfristiger als die junge Internetgeneration.

Als Konsument durften Sie hinter die Versicherungskulissen blicken. Sie wissen jetzt mehr darüber, wie Sie bei Ihren Versicherungen sehr viel Geld sparen können.

Seien Sie sich aber auch bewusst, dass der billigste Preis nicht immer der beste sein muss. Entscheidend ist immer das beste Preis- Leistungs-Verhältnis.

Je höher Ihre Finanzintelligenz entwickelt ist, desto mehr werden Sie profitieren.

Ich wünsche Ihnen allen, dass Sie die Informationen dieses Buches umsetzen können und damit erfolgreicher werden.

Mit schönen Grüßen

Gerhard Kubik
www.versicherungsberater-digital.at

Der Autor:

Gerhard Kubik, geb. am 19.11.1962

Versicherungslaufbahn:
10/1989 – 8/1990 Wiener Städtische
Außendienst
6/1996 – 10/1996 VÖB – Innendienst
10/1996 – 2/2019 Wiener Städtische
Außendienst

Aktuell:
Tätigkeit als Immobilienmakler bei RE/MAX
Leibnitz und Schachtrainer

Autor folgender Bücher:
Schach 2012
Die Psychotricks der Schachprofis
Der heilige Smaragd der Samurai

Quellenangaben

Folgende Quellen – zusätzlich zu meinen eigenen Erfahrungen – wurden für dieses Buch herangezogen (Hinweise direkt im Text):

FONDS professionell ONLINE – tagesaktuelle Infos aus der Banken-, Fonds- und Versicherungsbranche

FONDS professionell – Fachmagazin für Anlageberater

GEWINN – österreichisches Wirtschaftsmagazin

TREND – österreichisches Wirtschaftsmagazin

Kleine Zeitung – österreichische Zeitung mit interessantem Wirtschaftsteil

Roland Berger – Unternehmensberater: Studie 2017 „Digitalisierung der Versicherungsbranche"

Gerald Hörhan – Buch „Der stille Raub"

Roger Peverelli, Reggy de Feniks, Walter Capellmann – Buch „Kundenbeziehungen neu erfinden"

Meine Umsetzungspunkte

1)...

....

....

....

2)...

....

....

....

3)...

....

....

....